ABRÉGÉ

DE LA VIE

[illegible] DE VALLIÈRE

NÉE AU CHATEAU DU BOIS-DE-LA-ROCHE

LE 9 NOVEMBRE 1653

ET MORTE AU MÊME LIEU, EN ODEUR DE SAINTETÉ

LE 20 FÉVRIER 1691

[illegible]

[illegible]

[illegible]

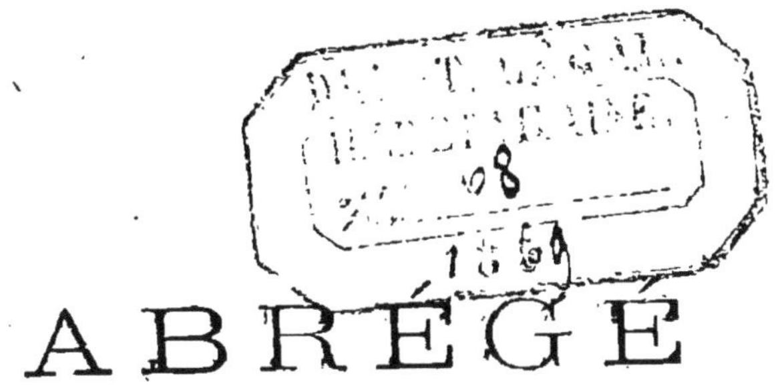

ABRÉGÉ

DE LA VIE

D'Anne-Toussaint DE VOLVIRE

NÉE AU CHATEAU DU BOIS DE LA ROCHE

Le 2 novembre 1653

Et morte au même lieu, en odeur de sainteté

Le 20 février 1694

Ce n'est pas ici une histoire suivie que l'on donne ; c'est un simple récit de faits. On s'est uniquement étudié à procurer l'édification du lecteur ; on espère qu'il la trouvera dans l'exposition, quoique rapide, d'une partie des saintes actions d'ANNE-TOUSSAINT DE VOLVIRE.

Quoique la naissance, la dignité, les rangs, et tout ce qui fait l'objet de l'admiration et de l'ambition des hommes soient comptés pour très-peu de choses devant Dieu, et que la vertu soit seule capable de les distinguer à ses yeux, il est vrai néanmoins que lorsqu'on use de ces avantages dans les vues que Dieu a eues en les donnant ou en les établissant, ils ne contribuent pas peu à donner à la piété cet éclat qui frappe les esprits, qui attire l'attention des hommes, qui sollicite et gagne les cœurs ; c'est ce même éclat qui donne aux bons exemples une nouvelle force, et qui porte si souvent à les imiter.

C'est apparemment dans cette vue et par rapport aux desseins que Dieu avait sur Mlle du Bois de la Roche (c'est ainsi qu'on la nommait ordinairement), qu'il lui donna une naissance illustre, soutenue de toutes les qualités du corps et de l'esprit qui pouvaient en relever les avantages.

Elle eut pour père Charles de Volvire, seigneur du Bois de la Roche, et pour mère Anne de Cadillac, tous deux distingués par leur probité et leur naissance. Elle naquit au château du Bois de la Roche le 2 novembre 1653, et fut nommée au baptême Anne-Toussaint.

Ses parents eurent grand soin d'elle dans son enfance ; ils lui donnèrent une très-bonne éducation dès qu'elle en fut capable. A l'âge de 16 à 17 ans, Mlle du Bois de la Roche était bien faite, et d'une très-belle figure ;

elle avait beaucoup d'esprit et était fort enjouée.

Un jeune seigneur, touché de ses bonnes qualités, la demanda à ses parents en mariage. En vain Monsieur son père et Madame sa mère l'engagèrent à le fiancer, elle n'avait aucune inclination pour ce jeune seigneur. Ses parents connaissant l'inclination de leur fille pour la chasse, arrangèrent une partie de chasse à cheval ; ils espéraient que dans ce genre de divertissement qu'elle aimait, il lui naîtrait de l'inclination pour celui qui la recherchait en mariage.

Le jour désigné pour cette partie de plaisir étant arrivé, tous les chasseurs invités se trouvèrent, chacun avec son cheval, à l'heure marquée, à l'entrée du bois qu'on nomme le Parc, situé près le château du Bois de la Roche. Les piqueurs sonnent du cor près le cheval de Mlle du Bois de la Roche ; il prend le mors aux dents, il avance, il court si vite qu'elle n'en peut descendre. Il la dérobe dans le bois aux yeux des autres chasseurs ; enfin, il se jette dans un précipice qui a environ 60 pieds de profondeur et s'y perd. Les chasseurs ayant perdu de vue Mlle du Bois de la Roche, sont inquiets ; ils courent çà et là ; enfin après bien des recherches, ils la trouvent suspendue sur le précipice où son cheval vient de se perdre. Au même instant où il s'était jeté dans le précipice, elle s'était accrochée par un bras aux branches d'un arbre très-élevé, et était demeurée ainsi suspendue. Tous craignirent pour la vie de Mlle du Bois de la Roche. On réussit à la tirer du danger où elle était : la crainte l'avait tellement saisie dans ce danger qu'elle resta toute tremblante et tout effrayée plusieurs heures après qu'elle en eut été délivrée.

A peine ses frayeurs furent-elles dissipées, que ce jeune seigneur lui demande derechef une promesse d'union conjugale ; il n'en eut pas une réponse plus favorable que les précédentes. Les réflexions que j'ai faites lorsque j'étais suspendue à l'arbre sur le précipice que vous venez de voir, lui dit-elle, m'ont absolument dégoûtée du mariage. Je vous prie de ne plus penser à moi.

Mlle du Bois de la Roche avait fait réflexion sur l'incertitude de la durée de la vie, et le danger où elle était de mourir, si on ne venait promptement la secourir. Elle avait pensé à l'état d'un homme qui a cessé de vivre. Dès ce moment, disait-elle, fût-il ce qu'il y a de plus grand dans le monde, sa grandeur disparaît. Il est dépouillé de toute autorité. Il n'a plus de quoi se faire craindre, ni de quoi se faire aimer : il perd toutes ses espérances, tous ses projets sont détruits, tous ses desseins sont renversés. Il devient un objet d'horreur, il périt pour tout le monde, et tout le monde périt pour lui : il n'est plus qu'un peu de cette même terre que chacun foule aux pieds. Telle est, disait-elle, le sort de ceux qui ne pensent point à Dieu. Pour ceux qui ne vivent que pour Dieu, ils ne sont jamais plus vivants que lorsqu'ils paraissent cesser de vivre. Ils ne périssent à nos yeux que pour se trouver en Dieu.

C'est ainsi que la divine Providence, sage et douce dans ses voies, fit que le moyen qu'on avait pris pour attacher au monde Mlle du Bois de la Roche servit à l'en séparer pour jamais.

Malgré le refus que faisait Mlle du Bois de la Roche de fiancer le jeune gentilhomme dont on a parlé, ses parents espéraient la persuader et la faire entrer dans leurs vues. Ils espéraient que les sérieuses réflexions qu'elle avait faites pendant le danger auquel elle avait été exposée, s'effaceraient peu à peu de son esprit, parce qu'elle était fort jeune. L'envie de procurer à leur fille un mariage avantageux ne contribuait pas peu à leur donner cette confiance. Dans cette espérance, ils prièrent le jeune seigneur de rester quelque temps au château du Bois de la Roche. Mais ni le temps ni l'intérêt ne firent à Mlle du Bois de la Roche changer de résolution. Elle répondit toujours, lorsqu'on la pressa de consentir à ce mariage, qu'elle ne se marierait pas.

Les avantages, les satisfactions qu'on lui promettait dans ce mariage auraient dû faire quelque impression sur le cœur d'une jeune personne. Le respect, la tendresse qu'elle avait pour ses parents ne devaient pas peu contribuer à la persuader. Bien d'autres que Mlle du Bois de la Roche se seraient rendues; mais quand la grâce s'est rendue maîtresse d'un cœur, elle l'éclaire, elle l'affermit, elle supplée à ce que l'âge et l'expérience ont coutume de donner.

Mlle du Bois de la Roche répondit avec fidélité, dans la suite de sa vie, aux grâces que Dieu lui fit. C'est ce qui la fit parvenir à cette sainteté éminente que l'on verra dans la suite de l'abrégé de sa vie. Heureux qui l'imite et qui marche avec fidélité dans les voies que Dieu lui marque.

Jusqu'à cette partie de chasse où elle fut en danger de périr, elle avait vécu comme vivent les jeunes personnes du monde. Elle aimait la parure et les divertissements de son âge. Mlle du Bois de la Roche n'était pas aussi modestement couverte que doivent l'être les femmes chrétiennes. Sa parure était trop riche. Elle avait encore, comme je l'ai dit, une grande passion pour la chasse. Du reste, elle était sans reproche.

On sera peut-être porté à excuser la légèreté ou la vanité d'une jeune personne de 16 à 17 ans. Mais elle ne s'est pas pardonné à elle-même : elle a mis au nombre des péchés qu'elle devait expier, son assujettissement aux usages et aux modes du monde qui existaient de son temps. Un jour, interrogée par sa servante pourquoi elle ne portait plus de beaux habits, pourquoi elle n'en changeait pas deux fois le jour, comme autrefois, elle lui fit la réponse suivante : Cela me coûte bien cher aujourd'hui. Cette réponse est conforme à la doctrine qu'enseigne saint Paul, dans sa première épître, où il dit (chap. 2, ỽ. 9 et 10), que les femmes soient vêtues d'une manière honnête et parées avec pudeur et avec modestie, sans se friser et sans porter ni or, ni perles, ni habits somptueux, mais comme il est bienséant à des femmes qui font profession de piété par leurs bonnes œuvres. S'il n'y avait point de péché à se vêtir de robes somptueuses, l'Ecriture ne reprocherait pas au mauvais riche qu'il était vêtu de pourpre et de lin. Cette réponse est aussi conforme aux promesses que tout chrétien a faites à Dieu dans le baptême : il y a promis de renoncer aux pompes du démon. Or, le luxe dans les habits, les ajustements superflus ou peu modestes ne sont-ils pas du nombre des vanités du monde, à l'amour desquelles tout chrétien a renoncé? C'est par le faux éclat de ces choses que le démon séduit les hommes. C'est où le chrétien a promis de ne mettre jamais son cœur. Ce sont les pompes du démon auxquelles tout chrétien a renoncé. Plût à Dieu que tous les chrétiens méditassent aussi attentivement que l'a fait Mlle du Bois de la Roche les promesses qu'ils ont faites dans le baptême! Plusieurs découvriraient dans leurs inclinations bien des fautes qu'ils ont commises et qu'ils ignorent, par un défaut d'attention suffisante à leurs obligations.

Mlle du Bois de la Roche commença donc à l'âge de 16 à 17 ans à mener une vie pénitente qui l'a fait regarder après sa mort, et même pendant sa vie, comme une sainte. Elle s'habilla en sœur de retraite. Elle portait un habit noir et des coiffes carrées. Il y a apparence qu'elle choisit cet habit simple et pauvre pour expier par là les fautes qu'elle avait faites en portant, dans un âge trop peu éclairé, des habits peu modestes et trop riches.

M. de Volvire continuait de faire paraître son mécontentement du refus que sa fille avait fait de fiancer le gentilhomme dont on a parlé. Il était peiné de la voir dégoûtée de tout ce que le monde recherche avec plaisir. Il crut qu'elle avait communiqué ses réflexions à un confesseur qui l'y fortifiait. Il fit son possible pour le connaître. Mlle du Bois de la Roche connaissait les sentiments de son père, et, craignant de faire persécuter son confesseur, choisit la chapelle de Kernéant pour faire ses dévotions. Elle ne pouvait faire un meilleur choix : cette chapelle, un peu éloignée du village du même nom, est située à la sortie du bois du Parc. Elle pouvait s'y rendre sans être vue de personne. Ces mesures, quoique très-sages, devinrent inutiles. Il observa et la fit observer avec tant de soins, qu'il découvrit le rendez-vous. Il soupçonna un jour que Mlle du Bois de la Roche et son confesseur étaient à la chapelle de Kernéant : il ordonna à deux de ses domestiques de l'y accompagner ; ils arrivèrent au moment où le prêtre célébrait la sainte messe. A peine y furent-ils entrés, que le prêtre et Mlle du Bois de la Roche devinrent tout tremblants ; cette dernière communia à la postcommunion. M. de Volvire sortit de la chapelle et resta à la porte à attendre le prêtre et sa fille. Leurs actions de grâces furent très-longues ; ils n'osaient sortir. Il est aisé de juger quels étaient dans ces circonstances les sentiments de Mlle du Bois de la Roche. Elle craignait pour la vie de son confesseur. Elle s'intéressa sans doute pour lui auprès de Dieu. Il fallut enfin se résoudre à sortir de la chapelle ; mais sa surprise fut très-grande. M. de Volvire fit au prêtre des remercîments pour tous les services qu'il rendait à sa fille. Il lui dit qu'il était touché de la peine qu'il prenait de venir de Guilliers pour l'obliger : il ajouta à ces remercîments une prière qui fit plaisir à Mlle du Bois de la Roche. « Je vous prie, lui « dit-il, de venir faire vos fonctions saintes à la « chapelle de mon château, et de dîner avec « nous toutes les fois que vous y viendrez. »

D'où peut venir un changement si prompt dans les sentiments de M. de Volvire? Il est mécontent du genre de vie de sa fille. Il paraît même qu'il ne se rend à la chapelle de Kernéant avec des armes à feu que pour maltraiter le prêtre qu'il y trouvera, ou tout au moins pour le réprimander fortement. Ne pourrait-on pas l'attribuer aux prières de sa fille? J'en laisse le jugement au lecteur discret et religieux.

Il paraît que M. de Volvire laissa dès ce moment à la Providence le soin de disposer de sa fille qu'il voulait engager dans le monde. Comme il la vit portée à une vie retirée et pénitente, et qu'il crut que Dieu l'y appelait, il cessa de s'y opposer. Cet exemple condamne bien des pères et mères qui, ne connaissant à leurs enfants d'autre vocation que leur volonté, les engagent, contre leur inclination, dans des états qui ne leur conviennent pas ou les empêchent de prendre ceux qui leur conviennent.

Le reste de la vie de Mlle du Bois de la Roche n'est qu'un tissu de bonnes œuvres qui se succèdent les unes aux autres. Elle s'applique à la prière, au soin des pauvres et des infirmes. Elle se sépare du monde, elle ne lui donne que ce que la bienséance ne lui permet pas de refuser. Elle ne mange avec ses parents que lorsqu'ils sont seuls à table. M. son père ne désapprouvant point son genre de vie, qu'il ne pouvait souffrir dans les premiers moments, elle fut moins gênée dans ses pratiques de piété. Elle se choisit une chambre près la chapelle du château. Cette chambre n'en était séparée que par un mur dans lequel il y avait une ouverture, de sorte qu'elle pouvait entendre la messe de sa chambre. C'était là qu'elle épanchait son cœur devant le Seigneur, qu'elle l'adorait comme son Créateur et son souverain Maître, qu'elle méditait ses perfections infinies, qu'elle lui témoignait son amour et sa reconnaissance, comme à son bienfaiteur, qu'elle gémissait de n'avoir pas aimé plus vite sa beauté suprême. O mon Dieu ! beauté toujours ancienne et toujours nouvelle, c'est bien tard que je vous ai connu, disait-elle avec saint Augustin. C'est bien tard que je vous ai aimé. Toutes les perfections, tous les attraits des créatures les plus belles et les plus accomplies réunis, ajoutait-elle, ne sont qu'un faible portrait de vos grandeurs, ou pour mieux dire, ne sont rien devant votre beauté et vos perfections. Tout le brillant des cieux, tout l'éclat des Anges, toutes les perfections imaginables ne sont devant vous que laideur, obscurités, et disparaissent en votre présence.

Tout le temps qu'elle ne donnait pas à la prière, elle l'employait aux œuvres de miséricorde. On ne peut aimer Dieu sans aimer le prochain: Comment aimer Dieu qu'on ne voit pas (dit saint Jean, Epître I, chap. 4, ℣. 20), si on n'aime pas le prochain qu'on voit. Plus on aime Dieu, plus on aime le prochain. Le soin des pauvres fut aussi une des occupations que Mlle du Bois de la Roche aimait le plus. Qui pourrait décrire ses charités? elles sont en quelque sorte infinies. Elle nourrit les pauvres de la paroisse de Néant. Ceux des paroisses voisines, instruits de l'amour de Mlle du Bois de la Roche pour les malheureux, lui demandent du secours. Elle distribue à tous son revenu et tout ce que son industrie lui procure. Un jour, sa servante l'avertit qu'un pauvre venait de changer son habit pour n'être pas reconnu, et, par cette fraude, recevoir deux aumônes dans le même jour. Elle donna néanmoins une seconde aumône à ce pauvre, et répondit à sa servante que la peine qu'il avait eue à changer ses haillons méritait une seconde aumône. Elle se disait à elle-même, dans cette occasion : Hélas ! combien de fois me présenté-je devant Dieu pour lui demander mes besoins. Si, après que je me suis présentée une fois, il me rejetait toutes les autres, où en serais-je ? Si l'on voulait se régler ainsi sur l'exemple du Père céleste auquel Jésus-Christ recourait si souvent, il y aurait plus d'humanité parmi les hommes qu'il n'y en a : on ne se sentirait pas importuné des demandes continuelles des pauvres. On y satisferait, si on en avait le moyen, ou du moins on les refuserait avec douceur, et on leur ferait connaître la peine qu'on ressent de ne pouvoir les soulager.

Il ne faut pas que le lecteur ignore que M. de Volvire voulut avoir part aux bonnes œuvres de sa fille. « Ma fille, lui dit-il un « jour, prenez chez moi ce qui est nécessaire « pour le soulagement des malheureux. Je « veux avoir part à vos bonnes œuvres. »

Elle ne se contentait pas d'assister les pauvres qui s'adressaient à elle, sa charité s'étendait encore sur plusieurs familles honnêtes réduites à mendier, mais qui n'osaient le faire. Pour leur épargner la confusion, elle se chargeait seule de cette bonne œuvre ou la partageait avec sa servante, dont elle connaissait la vertu. Le Père céleste, qui en était le seul témoin, le lui rendait en secret. On la voyait tous les jours faire de nouveaux progrès dans la vertu. Dieu, qui ne se laisse jamais surpasser en munificence, lui rendait au centuple ce qu'elle prodiguait aux pauvres avec tant de libéralité, où elle ne se proposait que de lui plaire.

Elle ne donna pas seulement du pain à ceux qui avaient faim ; mais elle couvrit les nus. Elle avait à gage un tailleur nommé Joseph Chaussée, qui travaillait habituellement pour les pauvres. Je puis dire de Mlle du Bois de la Roche ce que le saint homme Job dit lui-même (Job, Ch. 25) : qu'elle ne refusa jamais aux pauvres ce qu'ils désiraient, qu'elle ne fit point attendre en vain les yeux de la veuve, qu'elle ne mangea pas seule son pain, qu'elle le partagea avec l'orphelin, qu'elle ne négligea point de secourir celui qui n'ayant pas d'habit mourait de froid, ni le pauvre qui était sans vêtements.

Les infirmes ont reçu d'elle tous les secours qu'ils pouvaient en attendre. Elle les traitait elle-même. Elle avait appris à les traiter à l'hôpital de Rennes. Elle y demeura quelque temps après être sortie de la maison de Retraite de la même ville où elle avait aussi passé quelque temps. Elle donnait les bouillons, le linge nécessaire pour les changer. Il y eut dans la paroisse de Néant une maladie très-dangereuse. Plusieurs malades furent abandonnés. Les personnes saines n'osaient les visiter. Mlle du Bois de la Roche l'apprend; elle vole à leur secours. Elle en prend un soin particulier. Elle les change elle-même de linge, et leur rend les services les plus bas. Si ses parents eussent su tout ce qu'elle faisait, le danger de perdre la vie où elle s'exposait, ils en eussent été très-mécontents: c'est pour leur en dérober la connaissance qu'elle ne visitait que la nuit la plupart de ces malheureux.

L'ancien hôpital de la ville de Ploërmel était situé au bas de la rue qu'on nomme encore aujourd'hui la rue de l'Hôpital. L'air que les malades y respiraient y était très-mauvais. Il retardait les guérisons et souvent augmentait le mal. Mlle du Bois de la Roche, touchée de ces maux, mit tout en œuvre pour pouvoir en faire bâtir un autre dans un air plus sain. Elle eut la satisfaction de voir ses desseins accomplis. Elle contribua à cette bonne œuvre. Elle seule donna la majeure partie de l'enclos, et contribua, autant qu'elle put, aux dépenses qu'on fit pour bâtir la maison. A peine futelle bâtie et meublée, qu'elle donna une grande partie de son temps au soin des pauvres et des malades. On ne tarda pas à payer d'ingratitude tant de services. On lui fit une mauvaise chicane. Pour un plus grand bien, elle interrompit pendant quelque temps les services qu'elle rendait aux malades et aux pauvres de ce lieu. Que de services elle a rendus à l'humanité ! Il n'en faut pas davantage sans doute pour justifier que c'était avec beaucoup de raison que les pauvres l'appelaient leur mère, et pour donner droit de dire d'elle qu'elle remplissait de consolation le cœur de la veuve, et que celui qui était près de périr la comblait de bénédictions (Job, ch. 29, ℣. 13). Elle le méritait, non-seulement par l'étendue, par la persévérance et par la promptitude de sa charité, mais encore par les sentiments de tendresse et d'humilité dont elle l'accompagnait.

On veut placer à Paris, au collége de Louis-le-Grand, deux de ses neveux. Ses parents la destinent pour les y conduire et les présenter. Elle y sent une grande répugnance. Malgré cette répugnance, elle y consent, mais à condition qu'elle porterait son habit de sœur de Retraite qu'ils voulaient lui faire changer. Pendant le court séjour qu'elle fit dans la France, on parla d'elle à Louis XIV. Ce grand Roi, qui faisait tant d'estime de la vertu, et qui honorait ceux qui la pratiquaient, voulut converser avec elle. Mlle du Bois de la Roche l'entretint avec esprit. Ce Roi, charmé de son esprit et de sa vertu, donna une somme d'argent pour l'aider à continuer ses bonnes œuvres : la piété n'ôte rien à l'esprit. Mlle du Bois de la Roche passe une grande partie de son temps à visiter et soigner les malades, et à soulager les pauvres : vous diriez qu'elle n'est plus propre pour le monde ; cependant elle sait entretenir avec esprit le plus grand Roi de l'Europe, et l'intéresse adroitement au soulagement des malheureux de son pays.

Mlle du Bois de la Roche a été très-mortifiée. La vertu de mortification a deux parties, l'une regarde les passions, l'autre les sens extérieurs ; elle les a cultivées toutes les deux avec une égale affection. Elle détestait naturellement les enfants ; pour se vaincre là-dessus, elle prit chez elle une petite fille malpropre et dégoûtante ; elle l'habillait elle-même et lui rendait tous les services dont les enfants ont besoin. Elle fit plus, elle défendit à sa servante de lui rendre aucun service, pour ne laisser échapper aucune occasion de se mortifier. Nous avons un autre témoignage de sa parfaite mortification, dans la manière avec laquelle elle conduisit sa langue. Il faut être parfait, dit saint Jacques, pour ne pas faire des fautes dans ses paroles ; il est de si fréquentes et de si dangereuses occassions de pécher par la langue, que pour en sortir sans tomber, il faut s'être bien rendu maître de ses passions. Qui est-ce qui n'ouvre pas la bouche quand on lui dit des injures? On paie d'ingratitude les services de Mlle du Bois de la Roche ; on lui fait une mauvaise chicane ; elle ne répond rien, elle interrompt les services qu'elle rend aux pauvres du lieu où on la persécute, pour les continuer lorsque l'orage sera dissipé. Si elle s'étudie avec tant de soin à se rendre maîtresse de ses mouvements intérieurs, elle n'apporte pas moins d'attention à mortifier ses sens extérieurs. Lorsqu'elle se trouvait dans les hôpitaux ou chez les pauvres infirmes, elle souffrait avec satisfaction les mauvaises odeurs qu'elle y respirait. Elle donnait ordinairement aux pauvres ce qu'on lui servait pour son déjeûner. Les jours de Fêtes et les Dimanches, lorsqu'elle ne revenait pas après la grand'messe dîner au château, elle se contentait d'un morceau de pain avec un peu de beurre ou de viande qu'elle mangeait dans une pauvre maison du bourg de Néant, ou au coin d'un buisson. Lorsqu'on lui servait à dîner dans sa chambre, elle donnait les meilleurs mets au tailleur dont j'ai parlé. Elle couchait sur la simple paille. Voici comment on l'a appris : Un jour elle se trouva si mal qu'elle ne put se lever de son lit ; on la trouva couchée sur la paille. Sans cela on l'eût toujours ignoré.

Il y a lieu de croire que les desseins que Dieu avait sur sa servante étant heureusement accomplis, il voulut mettre le comble à toutes les grâces qu'il lui avait faites, en l'appelant à une meilleure vie. Elle reçut le saint Viatique qu'elle désirait ardemment. Qui pourrait trouver des paroles assez expressives pour faire comprendre les ardeurs de son âme dans cette sainte action? Elle reçut son Sauveur comme si elle l'eût vu et l'eût possédé autrement que par la foi. On lui donna l'Extrême-Onction ; elle reçut ce sacrement avec de grands sentiments de religion. Elle eut jusqu'au dernier moment une grande attention aux besoins des pauvres. Elle fit, le 10 février 1694, un testament par lequel elle légua cinquante livres de rente à l'hôpital de Saint-Brieuc et deux cents livres de rente à celui de Ploërmel. Elle mourut le 22 février 1694, dans une odeur universelle de sainteté.

Cette mort fit, dans l'esprit de tout le monde, des impressions d'admiration et de piété qui suivent ordinairement la mort des justes dont la mémoire est en bénédiction.

On entendit dans la paroisse de Néant et dans les paroisses voisines les plaintes et les cris des pauvres, sans qu'on pût les consoler, parce qu'ils venaient de perdre leur mère. Ils se rendirent au château du Bois de la Roche où elle venait d'expirer, pour lui rendre les derniers devoirs. Ils portèrent le corps de leur bienfaitrice à l'église de Néant. Ils furent accompagnés d'un concours infini de personnes de tous les états et de toutes les conditions. Il arriva dans ce transport une chose qui semble tenir du prodige. Les pauvres qui portaient le corps de notre défunte le posèrent à terre un instant ; il se forma dans cet endroit une petite fontaine qu'on nomme aujourd'hui la fontaine de la Sainte de Néant (c'est ainsi qu'on appelle Mlle du Bois de la Roche depuis sa mort, ou autrement sainte Anne, parce qu'elle fut nommée Anne à son baptême). Cette fontaine est entourée depuis peu d'un maçonnage d'environ trois pieds de hauteur, sur lequel est une petite croix.

Le corps de Mlle du Bois de la Roche fut inhumé le 23 février dans l'église de Néant, près les fonts baptismaux, comme elle l'avait demandé dans son testament. Son tombeau a été, après sa mort, entouré d'une grille de fer haute de trois pieds et demi ; au dedans de cette grille on a placé un dais d'environ quatre pieds de hauteur ; il est ordinairement couvert d'une étoffe précieuse de couleur blanche. C'est ainsi qu'on commença à l'honorer après sa mort. Cet honneur est sans doute approuvé des Évêques de Saint-Malo ; cette grille, ce dais élevé sur son tombeau en sont une preuve ; on trouve aussi à la marge du registre de son baptême ces mots : *Morte en odeur de sainteté.*

On a vu à son tombeau 200 personnes ensemble, qui, après l'y avoir priée, allaient à la fontaine dont j'ai parlé ; ce concours dura huit jours consécutifs.

Plusieurs pèlerins ont reçu du ciel des faveurs insignes par l'intercession de Mlle du Bois de la Roche ; je n'en rapporterai que quelques-uns pour ne pas ennuyer le lecteur.

Mlle Anne-Françoise de Kerpédron, de la ville de Josselin, eut au genou un dépôt qui descendit dans la jambe. Un habile chirurgien, nommé Cabanac, lui fit à cette jambe une opération, il lui ôta le sac qui contenait l'abcès ; mais il ne put lui rendre l'usage de la jambe, elle ne marcha qu'à l'aide de deux béquilles pendant dix-sept ans. Elle vint faire une neuvaine au tombeau de Mlle du Bois de la Roche ; lorsqu'elle prit, le neuvième jour, ses béquilles pour s'en retourner, elle sentit qu'elle n'en avait plus besoin pour marcher, et s'en alla sans bâton chez son parent, où elle demeurait depuis quelque temps. Elle laissa ses béquilles au tombeau de Mlle du Bois de la Roche, pour témoignage de sa parfaite guérison. Le lendemain on chanta le *Te Deum* et une grand'messe pour remercier Dieu de ce bienfait. Mlle de Kerpédron laissa au tombeau par reconnaissance, deux bagues d'or et deux boucles d'argent.

Mlle Kerpédron obtint de Dieu une autre grâce, par l'entremise de Mlle du Bois de la Roche. Aussitôt qu'elle fut guérie miraculeusement, elle fit vœu de se faire religieuse; mais elle n'avait point d'argent pour payer sa dot; elle crut que celle qui venait de lui rendre l'usage de sa jambe pourrait lui procurer sa dot. Elle pria sa bienfaitrice de l'aider à exécuter son pieux dessein. Elle fait sa prière le soir; le lendemain, une personne charitable vint lui faire présent de la somme d'argent que les Religieuses du Mont-Cassin de Josselin lui demandaient pour sa dot. Elle fit attacher une Religieuse postiche au dais qui est sur le tombeau de Mlle du Bois de la Roche, pour faire connaître cette seconde grâce qu'elle venait de recevoir par son intercession, et pour lui témoigner sa reconnaissance.

Mme la Supérieure des Religieuses de Mont-Cassin, à Josselin, a assuré avoir été guérie de la fièvre quarte au tombeau de Mlle du Bois de la Roche.

Cécile Tramaillet, de la paroisse de Néant, avait eu trois couches très-difficiles; elle croyait que la quatrième lui coûterait la vie; lorsque le terme en fut arrivé, elle ressentit de très-grandes douleurs : elle crut être sur le point de mourir, et invoqua mademoiselle du Bois de la Roche: à peine sa prière fut-elle finie, qu'elle accoucha sans douleur.

Joseph Jarnigou, âgé de deux ans, était à l'agonie depuis un jour. Depuis son agonie, il avait perdu l'usage de la parole qui lui fut rendue dans le même temps qu'une de ses tantes priait Mlle du Bois de la Roche de lui rendre la santé. Ses parents furent surpris d'entendre leur enfant parler au moment qu'il devait expirer. Leur surprise cessa lorsque la tante de l'enfant désigna le moment où elle avait prié Mlle du Bois de la Roche pour lui. Ils sont très-persuadés qu'elle a rendu la vie à leur enfant.

En 1823, Marie Brien, domestique chez M. Vrien, vicaire de Ménéac, ayant été environ l'espace de 14 ans sans pouvoir marcher qu'avec une peine extrême et les jambes croisées, fit un voyage au tombeau de la Sainte et recouvra le parfait usage de ses jambes. Tout le voisinage est témoin de cette guérison. Fait rapporté par des témoins oculaires dignes de foi.

1832. Une petite fille de Josselin, âgée de 9 à 10 ans, n'ayant jamais marché qu'à l'aide de béquilles, fut amenée un dimanche à la Sainte et fut parfaitement guérie sur les lieux mêmes, de sorte qu'elle laissa ses béquilles qui se trouvent encore à la sacristie. Ce miracle a été vu par plus de quatre cents personnes qui se trouvaient à la grand'messe.

Mlle Angélique Dubois étant fort malade et dans un état si inquiétant pour les personnes qui étaient près d'elle, qu'elles la crurent au moment d'expirer, quand une de ses tantes l'engagea à se recommander aux prières de Mlle de Volvire. ussitôt Ala malade, qui avait eu antérieurement beaucoup de confiance en cette bonne demoiselle, réunit le peu de forces qui lui restait pour se recommander à elle; un instant après elle dit que Mlle de Volvire lui avait annoncé qu'elle aurait trois crises, mais qu'elle n'en mourrait pas. Elle eut effectivement les trois crises qu'elle avait annoncées, et le médecin qui, arriva à la fin de la dernière, la trouva dans un état si désespéré qu'il dit que dans 24 heures elle serait en terre. Cependant, depuis cet instant elle fut toujours de mieux en mieux et le même médecin qui revint le lendemain pour la voir, quoiqu'en tremblant, comme il l'a dit depuis, fut si étonné du changement qu'il trouva en elle, qu'il dit alors qu'il répondait de sa vie. La malade s'est effectivement parfaitement rétablie. Angélique Dubois.

Je certifie qu'après avoir demandé au médecin appelé près de la malade ce qu'il pensait de son état, il me répondit : Elle est morte. Je lui représentai que sa grande jeunesse fournissait bien des ressources : il me répéta ce qu'il venait de me dire. De Querhoënt, née Audet. Je certifie le récit ci-dessus véritable, ayant moi-même donné à la malade l'idée de se vouer à cette bienheureuse, n'ayant d'espoir à ce moment en aucun remède. Dubois de S. Gonan. Atteste tous ces faits vrais. Julie Dubois.

Moi, François Gorel, grand-père de la petite Hervigot, depuis trois ans ulcérée en plusieurs endroits du corps et pouvant à peine marcher, son père et moi nous l'avons conduite au tombeau de Mlle de Volvire ; étant entrés dans l'église devant le Saint-Sacrement pour demander du secours à Dieu en sa faveur, nous lui avons donné un cierge et l'avons conduite au tombeau, en récitant les litanies de la Sainte Vierge. De là, nous avons été à la fontaine; et, ayant découvert ses plaies pour les lui laver, nous avons été fort étonnés de n'y trouver que les cicatrices ; nous sommes revenus à l'église rendre grâce à Dieu d'une telle faveur. Nous sommes ensuite retournés chez nous, où la petite, parfaitement guérie, s'est mise à jouer avec les autres enfants. Gabriel Hervigot ; François Gorel ; sœur Antime, religieuse à l'hôpital de Malestroit.

J'ai rapporté ces guérisons pour éviter les reproches de ceux qui savent que les infirmes reçoivent la santé au tombeau de Melle du Bois de la Roche. Quelque nombreuses que soient les guérisons qui s'opèrent continuellement à son tombeau, je n'en ai rapporté qu'un petit nombre, pour ne pas ennuyer les beaux esprits de nos jours qui ne veulent pas entendre parler de guérisons miraculeuses ni de prodiges. Je m'adresse à ceux d'entre eux qui auront la patience de lire ce petit abrégé très-mal fait, et je leur demande : A quoi, attribuez-vous la guérison de Melle Kerpédron ? Sera-ce aux remèdes ? elle avait cessé d'en prendre depuis longtemps. Sera-ce à une vertu secrète et naturelle ? Impuissante pendant dix-sept ans, aurait-elle attendu à opérer cette guérison précisément dans le moment où Melle Kerpédron priait Melle du Bois de la Roche de la délivrer de son infirmité ? Si ce n'est ni aux remèdes ni à une vertu naturelle qu'on doit attribuer la guérison de Melle Kerpédron, tirez, Messieurs la conséquence.

J'ai rapporté ces faits tels qu'ils sont ; comme ils n'ont pas été examinés par l'Eglise, le lecteur en portera le jugement qu'il voudra ; je le prie d'être équitable dans le jugement qu'il en portera. Je n'ai eu dessein, en donnant cet abrégé de la vie de Melle du Bois de la Roche, que de mériter sa protection auprès de Dieu, et édifier le prochian par le récit de ses saintes actions. J'espère que l'Eglise Romaine la fera inscrire sur le catalogue des saints qu'elle honore. C'est pourquoi je prie tous ceux qui ont reçu des faveurs du Ciel par son intercession. de les faire connaître par des actes authentiques, afin de les soumettre au jugement de l'Eglise.

(Priez Dieu pour l'auteur de cet abrégé)

Je joins à cet abrégé plusieurs cantiques très-beaux en eux-mêmes qui, ce me semble, peuvent être adaptés aux diverses dispositions de Mlle du

Bois de la Roche, et en expriment très-bien les sentiments.

Le premier contient les réflexions qu'elle fit l'orsqu'elle était suspendue sur le précipice;

Le second, le refus qu'elle fit de se marier, dans la résolution de n'aimer que Dieu;

Le troisième, son regret d'avoir porté des habits mondains, et les dons qu'elle fit aux pauvres;

Le quatrième, la joie de s'être consacrée à Dieu;

Le cinquième, les divers sentiments que l'amour de Dieu produisit en elle;

Le sixième, ses dispositions après avoir reçu les derniers sacrements;

Le septième, la joie qu'elle ressentit après sa mort d'être dans le ciel.

CANTIQUES

SUR LES VANITÉS DES CHOSES DU MONDE

Air : J'aime rarement.

Sous le firmament
Tout n'est que changement, Tout passe,
Tout paraît et s'efface
Suivant le cours du temps;
On voit qu'avec les ans, Tout passe.
C'est une vérité,
Hors de l'éternité, Tout passe;
Profitons de la grâce,
Le temps est précieux,
Mais il fuit à nos yeux Tout passe.

Les emplois, les rangs,
Les petits et les grands, Tout passe.
D'autres prennent leur place
Qui font voir à leur tour
Que dans ce bas séjour Tout passe.
Comme le vaisseau
Qui fend le sein de l'eau, Tout passe:
On n'en voit plus de trace ;
Le monde et ses faveurs,
Plaisirs, biens et grandeurs, Tout passe,
L'âge, la beauté,
La force, la santé, Tout passe;
Tout flétrit, tout s'efface ;
Comme la fleur des champs,
Souvent dès son printemps, Tout passe.
Nos jours sont comptés,
Nos moments limités, Tout passe;
Et quoique l'homme fasse,
Ses jours, comme un torrent,
Coulent rapidement ; Tout passe.
Tel est notre sort,
Il faut que par la mort Tout passe:
C'est un arrêt de grâce
A qui vit saintement;
Dans ce bannissement ; Tout passe.
Mais pour le pécheur,
A son plus grand malheur, Tout passe,
Tout prend une autre face
A son dernier moment ;
Excepté son tourment, Tout passe.
Heureux le chrétien
Qui méditera bien : Tout passe.

Rien de plus efficace
Contre les passions
Que ces réflexions ; Tout passe.

RÉSOLUTION DE N'AIMER QUE DIEU.

Air : Pourquoi n'avoir pas le cœur tendre ?

Objet de ma nouvelle flamme,
Je ne veux plus aimer que toi :
Le monde en vain flatte mon âme,
Non, non, non, je ne suis point sa loi.
Par la douceur de ses caresses
Il voudrait bien me retenir ;
Je me moque de ses promesses,
Non, non, non, il ne peut les tenir.
Il n'a que des biens périssables
Qui n'inspirent que du mépris ;
Il n'en a point qui soient durables ;
Non, non, non, je cherche un autre prix.
Dieu m'a promis son héritage,
Son bonheur fera tout le mien ;
Je ne veux pas d'autre partage,
Non, non, non, il n'est que ce seul bien.

CONTRE LE LUXE ET L'IMMODESTIE DES HABITS.

Air : Réveillez-vous, belle endormie.

A quoi bon ces parures vaines,
Ces ornements tant affectés ?
Vous nous flattez, pompes mondaines,
En nous flattant vous nous perdez.

Quel désir toujours nous enflamme !
Nous ne pensons qu'à notre corps ;
Nous négligeons d'orner notre âme :
C'est le plus beau de nos trésors,

Tous les soins que l'on prend de plaire
Causent souvent un triste sort ;
C'est un plaisir qu'on voudrait faire,
Et ce plaisir donne la mort,

Nous causons de coupables flammes
Par des attraits pernicieux,
Et le poison va jusqu'aux âmes,
Sitôt qu'il entre par les yeux.

Quand le luxe a pris son empire.
Nous ne sentons que ces ardeurs,
Et l'indigent en vain soupire :
Il ne saurait toucher nos cœurs,

Vous voyez l'indigence nue,
Dépouillez-vous en sa faveur :
Un pauvre s'offre à votre vue,
Couvrez ce membre du Sauveur.

Ses arrêts dépendront des vôtres
Dans le grand jour de son courroux ;
Si vous n'avez pitié des autres.
Il n'aura pas pitié de vous.

LA SAINTE JOIE D'UNE AME QUI EST CONSACRÉE A DIEU.

Air : J'aperçus l'autre nuit en songe.

Ah ! que mon sort est plein de charmes !
J'ai pris pour époux Jésus-Christ ;
J'ai mis en repos mon esprit,
En lui rendant enfin les armes :
J'aime mieux servir mon Dieu
Que de régner en ce bas lieu.

Quand je suis dans ma solitude,
Je pense à Dieu tant que je veux,
Et je plains tous ces malheureux
Qui vivent dans l'inquiétude,
J'aime mieux, etc.

Je passe mon temps en prières,
Aux pieds de mon céleste époux,
Pendant que je vois mille fous
S'embarrasser de mille affaires.
J'aime mieux, etc.

Le monde croit que la tristesse,
Établit en moi son séjour;
Mais il ignore que l'amour
Remplit tout mon cœur d'allégresse,
J'aime mieux, etc.

Je suis noire, mais je suis belle,
Disait l'épouse à son époux :
Jésus ne demande de nous
Qu'une beauté spirituelle.
J'aime mieux, etc.

Plus je jeûne et plus je maltraite
Ma concupiscence et mes sens,
Et plus de vigueur je ressens
A rendre mon âme parfaite.
J'aime mieux, etc.

J'estime bien plus la victoire.
Qu'on remporte sur ses humeurs
Que celles de ces empereurs
Qu'on a tant vantés dans l'histoire.
J'aime mieux, etc.

Mon vêtement simple et modeste
Ne respire que la vertu

Lorsque le monde est revêtu
D'un luxe que ma foi déteste.
J'aime mieux, etc.
Je veux en lettres d'or écrire
Le jour de ma conversion ;
En changeant ma condition,
Je veux prendre plaisir à dire :
J'aime mieux servir mon Dieu
Que de régner en ce bas lieu.

DIVERS SENTIMENTS D'UNE AME PÉNÉTRÉE DE L'AMOUR DE DIEU.

Air : Ah ! vous dirais-je, maman.

O digne objet de mes chants,
Daigne écouter mes accents :
Donne-moi cet amour tendre
Qui seul se fait bien entendre;
Règne à jamais sur mon cœur,
T'aimer est le vrai bonheur.
Ah ! Seigneur, à te servir
Que je trouve de plaisir :
Si mes yeux versent des larmes,
Mon cœur y trouve des charmes ;
L'amour répand des douceurs
Sur l'amertume des pleurs.
Monde, tu donnes la loi
A ceux qui vivent pour toi;
Mais que peux-tu sur une âme
Que l'amour divin enflamme ?
Va, je connais tes douceurs :
Que d'épines sous tes fleurs !
Le Seigneur est mon appui,
Mon espérance est en lui :

Oui, je connais sa tendresse,
Il me tiendra sa promesse;
Une couronne m'attend,
Si je l'aime constamment.
Hélas ! je languis d'amour
Dans l'attente de ce jour;
Quand le céleste héritage
Deviendra-t-il mon partage ?
Ah ! serai-je assez heureux
Pour voir combler tous mes vœux ?
Mondains, sujets aux revers,
Qui gémissez dans les fers,
Si vous pouvez le comprendre,
Venez donc enfin apprendre
Combien le Seigneur est doux
A qui l'a pris pour époux.
Heureux qui garde ses sens
Et qui combat ses penchants;
O Cieux ! chantez sa victoire,
Il règnera dans la gloire ;
C'est là le prix des vertus
Que Dieu donne à ses élus.
Si vous craignez le combat,
De ce prix voyez l'éclat;
Que la grâce vous anime,
Ah ! quittez enfin le crime :
Dieu, las de tant de délais,
Frappe enfin, mais pour jamais.

SENTIMENTS D'UNE AME QUI SOUPIRE APRÈS LE BONHEUR DU CIEL.

Air : Ah ! que ces lieux champêtres.

Quand vous contemplerai-je
Au céleste séjour?

Et quand, ô mon Dieu, m'y verrai-je,
Tout consumé de votre amour?
Ah! comblez mon attente,
En m'attirant à vous;
Mon âme sera languissante
Jusqu'à ce changement si doux.
Oui, j'ose vous le dire,
Je vous aime, Seigneur;
Sans cesse après vous je soupire,
C'est ici bas tout mon bonheur.
Tout me présente un gage
De votre tendre amour;
Vous l'avez peint dans chaque ouvrage
Il demande un juste retour.
Que ne puis-je, ô mon maitre,
Vous gagner tous les cœurs !
Que ne puis-je faire connaître
En tous lieux vos appas vainqueurs !
Pécheur, qui prends les armes
Contre un Dieu si charmant,
Peux-tu verser assez de larmes
Sur ton aveugle emportement ?
Hélas ! souvent moi-même
J'ai péché contre vous;
Grand Dieu, ma douleur est extrême,
Ah ! désarmez votre courroux.
J'entends ce Dieu propice
Me dire au fond du cœur :
Tes pleurs apaisent ma justice,
Ne vois en moi qu'un Dieu sauveur.
Maintenant qui m'arrête?
Ici que fais-je encor ?
Je sens mon âme toute prête
Vers le Ciel à prendre l'essor

Partez donc, ô mon âme,
Et quittez ces bas lieux,
Allez, d'une divine flamme,
Brûler à jamais dans les cieux.

SUR LES JOIES DU PARADIS.

Air : Malheureuses Créatures.

Le Ciel est mon héritage,
Dieu fait ma félicité;
Quel sort et quel doux partage
Pendant une éternité !
Ah ! qu'il est glorieux
D'être à jamais dans les cieux !
Sans désirs et sans envie,
Affranchi de tous les maux,
Je ressens dans cette vie
Des plaisirs toujours nouveaux. Ah ! etc.
Nul mortel ne peut comprendre
Les biens qu'on goûte en ces lieux;
Qu'il est consolant d'entendre
Nos concerts mélodieux! Ah ! etc.
Ici les plus pures flammes
Brûlent sans cesse nos cœurs,
Qui font sentir à nos âmes
Mille inneffables douceurs. Ah ! etc.
Que mon bonheur est extrême !
Non, je ne puis le cacher ;
J'ai part aux biens de Dieu même;
Je l'aime, il daigne m'aimer. Ah ! etc.
O demeures éternelles !
Beau séjour, séjour de paix !
O couronnes immortelles!
Je ne vous perdrai jamais. Ah ! etc.

DÉSIRS DU CIEL.

O Dieu! qui, dans les feux des splendeurs
[éternelles,
Régnez sur ce séjour, où les esprits heureux
Dans un saint tremblement sont couverts de
[leurs ailes,
Voyant de votre front majestueux,
Dans ce fatal exil, un voile épais et sombre
Enveloppe nos pas ; la Foi seule nous luit:
Mais votre jour, Seigneur, devant qui fuit toute
[ombre
Fera, loin de nos yeux, disparaître la nuit.
Ce jour si lumineux que figurent nos fêtes
Vous nous le préparez, Dieu de toute bonté!
Le grand astre qui brille en son plein sur nos
[têtes
N'est qu'un faible rayon de sa vive clarté.
Que vous tardez longtemps pour une âme fidèle,
O jour après lequel nous devons soupirer !
Mais pour jouir de vous, ô lumière éternelle,
Du poids de notre corps il faut nous délivrer.
Oh! quand de ses liens notre âme dégagée,
Grand Dieu, dans votre sein portera son essor,
Dans vos divins torrents, dans vous-même
[plongée],
Vous voir et vous aimer sera son heureux sort.
Suprême Trinité, faites, par votre grâce,
Que sur ce bien promis nos vœux soient arrêtés
Et qu'un jour éternel succède au court espace
Des jours qu'en notre exil vous nous aviez
[comptés.

Rennes, T. Hauvespre, imp.-lib. rue Impériale, 4.

www.ingramcontent.com/pod-product-compliance
Ingram Content Group UK Ltd.
Pitfield, Milton Keynes, MK11 3LW, UK
UKHW021212230726
13926UKWH00001B/478